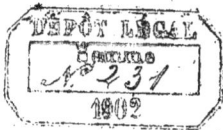

I0059302

ASSOCIATION DES PROPRIÉTAIRES D'APPAREILS A VAPEUR

DE LA SOMME, DE L'AISNE & DE L'OISE

Reconnue comme Établissement d'utilté publique par décret du 24 Juillet 1895

SIÈGE SOCIAL : 41, Rue Dufour, à AMIENS

RÈGLEMENT

de l'Association

Adopté par l'Assemblée Générale du 27 Avril 1900

Règlement du Contrôle Électrique

Adopté par l'Assemblée Générale du 20 Mars 1902

AMIENS

TYPOGRAPHIE ET LITHOGRAPHIE T. JEUNET

45, RUE DES CAPUCINS, 45

—

1902

ASSOCIATION DES PROPRIÉTAIRES D'APPAREILS A VAPEUR

DE LA SOMME, DE L'AISNE & DE L'OISE

Reconnue comme Établissement d'utilté publique par décret du 24 Juillet 1895

SIÈGE SOCIAL : 41, Rue Dufour, à AMIENS

RÈGLEMENT

de l'Association

Adopté par l'Assemblée Générale du 27 Avril 1900

Règlement du Contrôle Électrique

Adopté par l'Assemblée Générale du 20 Mars 1902

AMIENS

TYPOGRAPHIE ET LITHOGRAPHIE T. JEUNET

45, RUE DES CAPUCINS, 45

1902

RÈGLEMENT

ADOPTÉ PAR L'ASSEMBLÉE GÉNÉRALE

DES MEMBRES DE L'ASSOCIATION

réunie à Amiens, le 27 Avril 1900

Organisation des Services techniques de l'Association

ARTICLE PREMIER. — La visite intérieure et extérieure des générateurs à vapeur est faite à l'époque ordinaire d'un nettoyage et sur la demande de l'industriel.

Tout générateur doit, pour pouvoir être visité complètement, être vide, être suffisamment refroidi et être nettoyé intérieurement et extérieurement, de façon que les tôles soient partout visibles. Il faut donc apporter un soin égal à l'enlèvement des incrustations, de la boue ou de l'eau d'une part, et d'autre part à l'enlèvement des cendres qui encombrent les conduits de fumée, et de la suie qui recouvre la surface extérieure des tôles.

ART. 2. — Toutes les fois que le nettoyage sera incomplet au moment d'une visite intérieure et extérieure et ne permettra pas un examen suffisant du générateur, l'Ingénieur en chef, s'il le croit utile pour la sécurité de la chaudière, invitera l'industriel à faire compléter la visite. Cette visite complémentaire sera effectuée au plus prochain nettoyage et sera exécutée aux frais de l'industriel. (Voir l'art. 40 du Règlement).

ART. 3. — La demande de visite intérieure et extérieure doit être faite par l'industriel le plus longtemps possible et au moins huit jours à l'avance, à moins qu'un cas de force majeure n'exige une visite immédiate.

La demande de visite intérieure et extérieure doit indiquer la date à laquelle la visite devra avoir lieu.

En cas d'impossibilité de satisfaire à toutes les demandes pour un même jour, les premières en date recevront satisfaction.

Art. 4. — Le délai maximum entre deux visites intérieures et extérieures consécutives étant de deux ans, conformément à l'article 18 des Statuts, l'Ingénieur en chef de l'Association sera tenu, toutes les fois qu'une chaudière sera restée dix-huit mois sans être visitée intérieurement et extérieurement de faire des démarches auprès de l'industriel pour provoquer la visite intérieure et extérieure de la chaudière et en éviter la radiation.

Art. 5. — La visite en marche est faite au gré de l'Ingénieur en chef de l'Association, sans que celui-ci soit tenu d'en avertir d'avance l'industriel.

Art. 6. — La visite des récipients sera faite sur la demande de l'industriel, comme il est dit à l'article 3 du Réglement.

L'article 4 du Réglement est applicable aux récipients.

Art. 7.— A chaque visite, soit intérieure et extérieure, soit en marche, l'Inspecteur chargé de la visite indiquera verbalement à l'industriel, ou au directeur, ou au contre-maître, ou à leur défaut au chauffeur, sous réserve de l'opinion de l'Ingénieur en chef, les défauts graves qu'il aura constatés et qui nécessiteraient une réparation immédiate.

Ultérieurement, aussitôt que possible, et dans les délais compatibles avec les nécessités du service, toute visite, complète ou non, donnera lieu à un rapport écrit, signé par l'Ingénieur en chef ou par son ordre, et exprimant seul l'opinion de l'Association sur les défauts signalés et sur les remèdes à y apporter.

Art 8. — Toutes les fois qu'un appareil subira une épreuve hydraulique, la visite de l'appareil pendant l'épreuve sera gratuite si, durant le même exercice, la visite intérieure et extérieure n'a pas lieu. Au contraire, si la visite faite pendant l'épreuve a lieu durant le même exercice que la visite intérieure et extérieure, la première sera tarifée comme visite supplémentaire. (Voir article 40 du Règlement).

ART. 9. — L'Association met à la disposition de ses membres, moyennant un tarif spécial (Voir article 42 du Règlement), une pompe d'épreuve pour leur faciliter le renouvellement des épreuves hydrauliques auxquelles ils sont tenus de soumettre leurs appareils.

ART. 10. — L'Association se charge, moyennant un abonnement à prix réduit (voir articles 37 à 39 du Règlement), de contrôler périodiquement le fonctionnement et l'état des machines à vapeur, au cours des visites ordinaires de chaudières.

Ce contrôle comporte principalement :

1° Le relevé, à l'aide de l'indicateur de Watt, de diagrammes en petite nombre, donnant le travail courant développé par la machine, et permettant de vérifier en marche le fonctionnement de la distribution ;

2° L'auscultation de la machine, c'est-à-dire la recherche des fuites aux tiroirs, aux pistons, pendant un arrêt momentané ;

3° Pendant un arrêt prolongé de la machine, la visite des pistons et des tiroirs, si elle est possible ;

4° La vérification des indicateurs du vide, si la machine est à condensation.

ART. 11. — Ce contrôle a lieu une fois l'an, au cours soit de la visite intérieure et extérieure, soit de la visite en marche, soit des unes et des autres, selon les points à examiner.

L'abonné recevra un rapport spécial donnant le résultat du calcul sommaire du travail indiqué, et l'appréciation de l'Ingénieur en chef sur le fonctionnement et l'état de la machine. Ce rapport sera accompagné d'un jeu de diagrammes annotés.

ART. 12. — Les travaux extraordinaires comprennent tous les travaux effectués par l'Association en dehors des visites statutaires des chaudières et des récipients à vapeur, et du contrôle périodique des machines. Le tarif général de ces travaux extraordinaires est indiqué ci-après à l'article 43.

Toutefois les demandes de renseignements techniques émanant d'un Membre de l'Association, et n'exigeant ni déplacement spécial, ni étude prolongée, sont l'objet d'une réponse adressée gratuitement à l'Industriel.

ART. 13. — L'Association met à la disposition de ses Membres, moyennant un tarif spécial (voir article 41 du Règlement), un inspecteur-chauffeur pour donner sur place aux chauffeurs de chaque établissement les leçons de chauffage et de conduite des générateurs dont ils peuvent avoir besoin.

ART. 14. — L'Ingénieur en chef de l'Association ne se charge d'aucun travail pour les Industriels non adhérents. Toutefois il peut accepter des expertises, pour lesquelles il lui est loisible de se faire seconder par le personnel de l'Association.

ART. 15. — L'Ingénieur en chef se tient à la disposition des Membres de l'Association aux jours et heures suivants, sauf le cas de force majeure :

A Amiens, tous les lundis (ou le mardi, si le lundi est jour férié), de 10 heures à midi et de 3 heures à 5 heures, au siège de l'Association (1).

A Saint-Quentin, tous les samedis, de 2 heures à 3 heures, au siège de la succursale de l'Association (2), et de 3 heures à 4 heures, à la Bourse. En cas d'absence forcée de l'Ingénieur en chef, l'Ingénieur de la Succursale recevra à Saint-Quentin, aux lieu et place de l'Ingénieur en chef.

ART. 16. — Les adhérents de l'Association reçoivent gratuitement toutes les publications qui paraissent pendant qu'ils

(1). Actuellement : 41, Rue Dufour, à Amiens (Somme).
(2). Actuellement : 48, Rue Saint-Jean, à Saint-Quentin (Aisne).

font partie de l'Association. Les exemplaires des publications antérieures, si l'Association les possède encore, leur sont fournis sur leur demande, et contre remboursement des frais d'impression et de port.

Conditions d'Admission

ART. 17. — Tout industriel, qui demande à être admis dans l'Association, est tenu d'y faire entrer toutes les chaudières d'un même établissement, qu'elles soient en non en activité.

Il n'y a d'exception que pour les chaudières au rebut, et pour les chaudières dont l'Association refuserait d'assumer la surveillance, comme l'explique l'article 21 du Règlement.

ART 18. — L'inscription des récipients de vapeur placés dans le même local qu'une chaudière est obligatoire, sauf les exceptions déjà prévues pour les chaudières par l'article 17.

L'inscription des récipients disséminés dans l'usine, en dehors du local des chaudières, est facultative.

Elle a lieu sur la demande de l'Industriel, si ces appareils sont visitables, et sous les réserves indiquées à l'article 21.

ART. 19. — L'inscription des appareils à vapeur d'un établissement n'oblige pas l'exploitant à inscrire les appareils des autres établissements qu'il exploite.

Sont considérés comme établissements distincts, deux établissements éloignés l'un de l'autre de plus de 1 kilomètre.

ART. 20. — Lorsqu'un industriel voudra faire entrer dans l'Association les appareils à vapeur d'un de ses établissements, il devra en faire, conformément à l'article 12 des Statuts, la demande écrite au Président du Conseil d'Administration de l'Association.

Dans le mois qui suivra cette demande, l'Ingénieur en chef de l'Association ou un de ses délégués se rendra dans l'établissement pour examiner le nombre et l'importance des appareils à vapeur. Il inscrira provisoirement ceux qu'il jugera visitables et conviendra de l'époque à laquelle devront avoir lieu les visites intérieures et extérieures.

Art. 21. — L'admission définitive d'un appareil à vapeur ne pourra être proposée par l'Ingénieur en chef au Conseil d'Administration qu'après une visite intérieure et extérieure complète, et après constatation de son bon état.

L'inscription définitive d'un appareil au nombre de ceux que surveille l'Association ne pourra avoir lieu qu'après que le Conseil d'Administration en aura prononcé l'admission.

Les appareils à vapeur inscrits provisoirement seront considérés comme ne faisant pas partie de l'Association.

L'Association se réserve expressément le droit de refuser un appareil, si elle le juge dangereux ou d'une surveillance trop difficile, sans que, par réciprocité, il puisse être dérogé aux conditions du premier alinéa des articles 17 et 18 du présent Règlement.

Art. 22. — Afin de dégager la responsabilité morale de l'Association, le Conseil d'Administration décidera si un appareil suspendu par l'Ingénieur en chef en vertu de l'article 17 des Statuts, doit être rayé de l'Association. La décision du Conseil sera communiquée à l'intéressé par lettre recommandée.

Art. 23. -- La suspension prévue à l'article 17 des Statuts, peut être levée par l'Ingénieur en chef, après constatation de la remise en état de l'appareil.

De même, les appareils rayés de l'Association, en vertu de l'article 18 des Statuts, pourront être réinscrits par l'Ingénieur en chef dès que la visite intérieure et extérieure aura été effectuée.

La réinscription d'un appareil suspendu ou rayé ne deviendra définitive qu'après ratification par le Conseil d'Administration, selon l'article 21 du Règlement.

ART. 24. — L'adhésion d'un établissement prend date au commencement du trimestre durant lequel elle a lieu. Elle oblige l'industriel au payement immédiat de la cotisation d'une année.

A l'expiration du quatrième trimestre, il paie un supplément de cotisation proportionnel au nombre de trimestres qui restent à courir pour clore un exercice.

La cotisation, étant la rémunération des visites du personnel de l'Association, sera due par le fait seul de l'adhésion donnée par l'Industriel aux Statuts et au Règlement, quoique l'inscription provisoire des appareils visités ne devienne définitive qu'après décision du Conseil d'Administration.

Les appareils frappés de suspension en vertu de l'article 17 des Statuts, étant considérés comme étrangers à l'Association, cessent de payer la cotisation annuelle, jusqu'après leur réinscription par l'Ingénieur en chef.

ART. 25 — Le délai prévu par l'art. 14 des Statuts pour les démissions, est fixé à un mois avant la fin de l'exercice. Il est donné acte de la démission.

ART. 26. — L'exercice part du 1er Janvier de chaque année.

L'Assemblée générale annuelle a lieu dans le courant du mois d'Avril.

Attributions du Secrétaire-Trésorier. — Recouvrements

ART. 27. — Le Secrétaire-Trésorier pourra toucher tous capitaux et créances de la Société sur les particuliers, les Administrations publiques, Compagnies de Chemins de fer, Sociétés de crédit, Banques, etc., et en donner quittance ; il pourra acquitter toutes sommes dues par la Société.

Toutes les pièces relatives aux dépôts de fonds ou aux placements d'argent sont signées par le Secrétaire-Trésorier et sont contresignées par le Président.

Il sera dressé, sur un registre spécial, procès-verbal de chacune des délibérations, soit de l'Assemblée générale, soit des réunions des Membres du Conseil d'Aministration, et le procès-verbal, signé du Président et du Secrétaire-Trésorier, fera foi vis-à-vis des tiers intéressés, auxquels, il en sera, en cas de besoin, délivré copie.

En cas d'absence ou d'empêchement du Président, la signature du Vice-Président d'Amiens remplacera valablement celle du Président, conformément à l'article 22 des Statuts.

ART. 28. — A moins de convention spéciale, le recouvrement des cotisations est opéré par les banquiers de l'Association au moyen de mandats signés du Secrétaire-Trésorier, après avis préalable adressé au moins dix jours à l'avance aux Sociétaires.

Le recouvrement annuel des cotisations a lieu dans le courant du mois de janvier sauf pour les cas spécifiés à l'article 24 du présent Règlement.

Le recouvrement de l'abonnement annuel pour le contrôle périodique des machines à vapeur a lieu en même temps que celui des cotisations.

ART. 29. — Le même mode de recouvrement est appliqué pour les travaux extraordinaires, les redevances résultant des visites supplémentaires, locations de pompes, etc. Mais le recouvrement en est opéré à une époque indéterminée, laissée au choix de l'Ingénieur en chef.

ART. 30. — Toute somme payée à l'Association lui demeure acquise.

Tarifs

ART. 31. — La cotisation annuelle des chaudières à vapeur est déterminée par le nombre des chaudières groupées dans un même établissement et par la classe de chacune d'elles.

D'après l'article 19 ci-dessus, deux chaudières distantes de

1 kilomètre sont considérées comme faisant partie de deux établissements distincts.

Toute chaudière est considérée comme étant de première classe, si elle a plus de dix mètres carrés de surface de chauffe, et de deuxième classe si la surface de chauffe est égale ou inférieure à dix mètres carrés.

Les réchauffeurs sont considérés comme faisant partie des chaudières à la suite desquelles ils sont placés.

Art. 32. — Pour les chaudières de première classe d'un même établissement, la cotisation annuelle est déterminée comme suit :

Pour la première chaudière. . . . .   50 fr.
Pour chaque chaudière de plus :
Depuis la deuxième jusqu'à la neuvième. . .   40
Depuis la dixième jusqu'à la vingtième . . .   30

Au-delà de vingt chaudières, la cotisation sera déterminée comme il est dit à l'article 35.

Art. 33. — La cotisation annuelle des chaudières de deuxième classe sera inférieure de 10 francs à celle des chaudières de première classe. Les chaudières de deuxième classe ne prennent rang qu'après celles de première classe du même établissement.

Art. 34. — Lorsque, dans un même établissement, la visite intérieure et extérieure de plusieurs chaudières pourra être faite en un seul voyage, l'Association remboursera autant de fois 10 francs qu'il y aura eu de chaudières visitées intérieurement et extérieurement en sus d'une première chaudière.

Cette somme sera portée en compte jusqu'au plus prochain recouvrement de cotisation, pour être défalquée, pourvu que ce recouvrement de cotisation soit celui d'une année entière.

Cette prime, en même temps qu'elle diminue la fréquence des voyages des agents de l'Association et les frais qui en résultent, détermine, pour les Sociétaires qui se mettront en mesure d'en profiter, une notable diminution de cotisation, comme le montre le tableau ci-après :

COTISATION ANNUELLE POUR LES CHAUDIÈRES DE PREMIÈRE CLASSE
D'UN MÊME ÉTABLISSEMENT POUR UNE ANNÉE ENTIÈRE

NOMBRE DE CHAUDIÈRES	COTISATION MAXIMA (1re Année)	COTISATION MINIMA Années autres que la 1re, s'il y a eu visites simultanées des chaudières
1	50 fr.	50 fr.
2	90	80
3	130	110
4	170	140
5	210	170
6	250	200
7	290	230
8	330	260
9	370	290
10	400	310
20	700	510

ART. 35. — Les maisons qui mettent sous la surveillance de l'Association, dans un ou plusieurs établissements, un nombre total de chaudières supérieur à 20 paieront, outre une taxe de 10 francs par établissement, une cotisation graduée comme suit :

25 fr. par chaudière, pour 21 à 25 chaudières de 1re classe.

24	»	»	26 à 30	»	»
23	»	»	31 à 35	»	»
22	»	»	36 à 40	»	»
21	»	»	41 à 45	»	»
20	»	au-delà de 45 chaudières de 1re classe.

S'il y a, dans ce nombre, des chaudières de 2e classe (moins de 10m2), ces chaudières paieront, au lieu du prix moyen, une cotisation minima de 20 francs par chaudière.

Le tarif du présent article exclut toute prime pour les visites simultanées prévues à l'art. 34.

ART. 36. — Les récipients de plus de 100 litres de capacité, régulièrement inscrits à l'Association, paieront 15 francs par appareil, quel qu'en soit le nombre.

Toutefois, les récipients situés dans le local des générateurs sont exempts de toute cotisation, à condition qu'ils soient visités à l'occasion d'une visite intérieure et extérieure de générateur.

Si cette coïncidence ne peut être réalisée, la visite de ces récipients coûtera 15 francs par récipient, plus les frais de route, aller et retour, fixés à l'article 44 ci-après.

Les dispositions de l'article 8 du Règlement sont applicables aux épreuves de récipients.

ART. 37. — Le prix de l'abonnement aux essais de machines prévus aux art. 10 et 11, est fixé comme suit :

Pour une machine à un cylindre . . . . 25 fr. »

Pour chaque cylindre en plus, dépendant ou non de la même machine, mais placé dans le même établissement . . . . 15 »

Les machines jumelles et les machines à plusieurs cylindres comportent les frais de route d'un second agent, fixés à l'art. 44.

Le maximum pour chaque machine distincte. quel que soit le nombre des cylindres de cette machine, est fixé à . . . . 50 »

outre les frais de route dus pour le déplacement d'un second agent.

Cet abonnement partira du 1er janvier de chaque année.

ART. 38. — Ces prix réduits seront accordés aux conditions expresses ci-après :

L'abonné se procurera les tubulures d'attente pour recevoir les robinets d'indicateur de l'Association, les pièces nécessaires à la réduction de course, et les robinets d'attente pour le contrôle des indicateurs du vide.

Toutes ces pièces devront, soit être établies à demeure, soit pouvoir être très rapidement mises en place lorsque les Inspec·teurs de l'Association se présenteront.

Aucun essai à prix réduit ne donnera lieu à un déplacement spécial des agents de l'Association. Ces essais devront toujours coïncider avec l'une ou l'autre des visites ordinaires des chaudières.

Art 39. — Le nombre des diagrammes servant à calculer le travail courant est rigoureusement limité à 5 paires par cylindre, et le prix de l'abonnement ne comprendra en aucun cas des diagrammes à diverses charges. Ceux-ci seraient, s'il y a lieu, relevés et calculés en sus au prix de 10 francs par essai partiel sur une machine à un ou deux cylindres et de 15 francs par essai partiel sur une machine ayant plus de deux cylindres. Toutefois, les diagrammes qui seront relevés pour des rectifications de distribution faites au cours d'un essai, seront gratuits.

Tarif du Service extraordinaire

Art. 40. — Toute visite intérieure et extérieure supplémentaire (voir art. 8 du Règlement) et toute visite faite à l'occasion d'une épreuve, est tarifée 15 francs par chaudière, plus les frais de route, aller et retour, fixés à l'art. 44.

Art. 41. — Toute leçon de chauffage est tarifée à raison de 20 francs par journée de chauffage, plus les frais de route, aller et retour, fixés à l'art. 44. Le temps consacré au trajet aller et retour, en dehors des journées de chauffage, est compté en sus, selon l'art. 43 ci-après.

Art. 42. — La location d'une pompe d'épreuve de l'Association est tarifée à raison de 10 francs par chaque période de 5 jours, non compris le jour d'expédition, ni celui de la réception au retour. Les frais d'expédition par grande vitesse soit pour l'aller, soit pour le retour qui doit toujours être effectué au domicile de l'Association (1), sont à la charge du Sociétaire.

_____

(1) Actuellement, 41, rue Dufour, à Amiens (Somme).

ART. 43. — Tous les travaux extraordinaires non prévus ci-dessus, et notamment les essais à l'indicateur de Watt, essais de vaporisation, consultations, études de plans d'installations de chaudières, machines et autres appareils à vapeur, devis, réceptions de tôles, examen de construction de générateurs, etc., donnent lieu à une rétribution basée sur le nombre d'heures que l'Association y aura consacrées.

En principe, il est dû, en cas de déplacement d'un Ingénieur ou d'un Inspecteur, y compris la durée du trajet aller et retour : par heure de consultation, 1 fr. 50 ; par heure d'essai, 3 francs ; en plus les frais de route aller et retour, fixés à l'art 44.

Tout travail extraordinaire, autre qu'une visite supplémentaire d'appareil à vapeur ou une leçon de chauffage, qui sera effectué un dimanche ou un jour de fête légale, sera compté à raison de moitié en sus du tarif précédent.

Tout travail extraordinaire peut, sur la demande d'un Sociétaire, être exécuté à forfait suivant un tarif établi par le Conseil d'Administration.

ART. 44 — Pour les visites supplémentaires, et pour les déplacements extraordinaires de toute nature, les frais de route à l'aller et au retour sont remboursés à l'Association, à raison de 0 fr. 10 par kilomètre. Les kilomètres de chemin de fer sont comptés suivant le trajet le plus direct depuis le bureau de l'Association le plus proche.

SERVICE DE CONTROLE

DES

INSTALLATIONS ÉLECTRIQUES

RÈGLEMENT & TARIFS

adoptés par l'Assemblée Générale de l'Association, le 20 Mars 1902

ARTICLE PREMIER. — Le service de contrôle des installations électriques a pour but :

De guider les industriels dans le choix des appareils et des canalisations électriques; de faire adopter chez eux des montages évitant les dangers d'incendie et répondant aux meilleures conditions d'économie; d'assurer un bon fonctionnement des installations.

ART. 2 — Ce service est assuré par l'Association des Propriétaires d'Appareils à Vapeur de la Somme, de l'Aisne et de l'Oise; il est placé sous la direction de M. Archambault de Vençay, ingénieur principal de l'Association.

ART 3. — Le service de contrôle pourra admettre comme membres abonnés des industriels ne faisant pas partie de l'Association; ceux-ci n'auront droit qu'aux seules publications concernant ce service et ils ne pourront assister aux Assemblées générales de l'Association ni intervenir en quoi que ce soit dans son administration.

Art. 4. — L'abonnement au service de contrôle électrique donne droit à une vérification annuelle de l'installation, qui porte sur les points suivants :

1° En ce qui concerne les dynamos génératrices et réceptrices : Mesure de l'isolement. Vérification de la machine. Examen des lignes allant de la machine au tableau.

2° En ce qui concerne les lignes et les réseaux : Examen du tableau et des appareils fixés sur ce tableau. Étalonnage des voltmètres. Examen des lignes au point de vue des dangers d'incendie et au point de vue économique. Mesure de l'isolement et recherche des défauts.

3° En ce qui concerne les accumulateurs : Mesure de la tension aux bornes des éléments. Mesure de la densité de l'acide. Vérification des plaques et indication des plaques défectueuses. Mesure de l'isolement Examen des lignes allant des accumulateurs au tableau.

A la suite de la vérification un rapport signé de l'Ingénieur est envoyé à l'abonné; ce rapport signale particulièrement les points défectueux qu'il convient de modifier.

Art. 5. — Pour l'abonnement, il est dû une cotisation établie sur les bases suivantes :

Lignes et réseaux, tarif A;

Dynamos génératrices et receptrices, Tarif B;

Accumulateurs, Tarif C.

Il y a lieu d'y ajouter les frais de déplacement d'un agent, comptés à raison de 0 fr. 10 par km. de voie de fer et, s'ils ne sont pas voiturés par l'abonné, de 0 fr. 20 par km. de voie de terre, à partir du siège social ou de la succusrsale la plus proche du lieu où se trouve l'établissement de l'abonné.

Art. 6. — L'Ingénieur principal assistera à la première visite. Comme le temps passé à cette visite sera plus long que pour les autres, la cotisation de première année sera majorée des 25 % du tarif A et des frais de déplacement de l'Ingénieur comptés à raison de 0 fr. 10 par kilomètre à partir d'Amiens.

Art. 7. — Lorsque l'abonné désirera qu'il soit procédé, pour les dynamos, à la détermination de l'échauffement des différents circuits, de la puissance absorbée et de celle disponible, la majoration à faire subir à l'abonnement défini à l'art. 5 sera de 100 °/₀ du tarif B plus les frais de déplacement de l'Ingénieur principal, comme ci-dessus.

Art. 8. — Lorsque l'abonné désirera qu'il soit procédé à la détermination de la capacité d'une batterie d'accumulateurs, la majoration à faire subir à l'abonnement défini à l'art. 5 sera de 50 °/₀ du tarif C plus les frais de déplacement de l'Ingénieur principal, comme ci-dessus.

Art. 9. — Les réceptions de matériel électrique dont sera chargée l'Association donneront lieu aux redevances suivantes :

Pour les lignes et réseaux, le tarif A majoré de 25 °/₀, plus les frais de déplacement de l'Ingénieur principal, comme ci-dessus.
Pour les dynamos et les accumulateurs, d'après le temps passé, plus les frais de déplacement de l'Ingénieur principal, comme ci-dessus et d'un agent partant de la résidence la plus proche.

Le temps passé est tarifé à raison de 3 francs par heure d'essai et de 1 fr. 50 par heure pour le temps passé en trajet et consacré aux repas.

Art. 10. — Les rédactions des marchés pour la fourniture du matériel électrique seront fournies gratuitement aux abonnés, et tarifées au temps passé compté à 1 fr. 50 l'heure aux non-abonnés.

Les déplacements pour études sur place donneront lieu à une rétribution basée sur le temps passé et en outre aux indemnités de voyage ci-dessus.

Art. 11. — Les travaux non prévus au présent réglement seront tarifés au temps passé et les frais de déplacement, s'il y en a, seront comptés ainsi qu'il a été dit plus haut.

TARIF A

APPLICABLE AUX LIGNES ET RÉSEAUX

1° Lampes à incandescence. Pour 50 lampes et au-dessous . 20 fr. »»

—	—	de	51	—	à	75 lampes	25 »»
—	—	de	76	—	à	100 —	30 »»
—	—	de	101	—	à	150 —	37 50
—	—	de	151	—	à	200 —	45 »»
—	—	de	201	—	à	300 —	55 »»
—	—	de	301	—	à	400 —	65 »»
—	—	de	401	—	à	500 —	75 »»
—	—	de	501	—	à	600 —	82 50
—	—	de	601	—	à	700 —	90 »»
—	—	de	701	—	à	800 —	97 50
—	—	de	801	—	à	900 —	105 »»
—	—	de	901	—	à	1000 —	110 »»
—	—	de	1001	—	à	1100 —	115 »»
—	—	de	1101	—	à	1200 —	120 »»
—	—	de	1201	—	à	1300 —	125 »»
—	—	de	1301	—	à	1400 —	130 »»
—	—	de	1401	—	à	1600 —	135 »»
—	—	de	1601	—	à	1800 —	140 »»
—	—	de	1801	—	à	2000 —	145 »»

2ª Lampes à arc. — Une lampe à arc est comptée pour 10 lampes à incandescence.

TARIF B

APPLICABLE AUX DYNAMOS GÉNÉRATRICES ET RÉCEPTRICES
À COURANT CONTINU

Pour 5 kilowatts et au-dessous	. . . .	10 fr »»
De 6	—	à 10 kilowatts	. . . .	12 50
De 11	—	à 20 —	. . . .	15 »»
De 21	—	à 50 —	. . . .	20 »»
De 51	—	à 100 —	. . . .	25 »»
De 101	—	à 200 —	. . . .	30 »»
De 201	—	à 300 —	. . . .	35 »»
De 301	—	à 400 —	. . . .	40 »»
De 401	—	à 500 —	. . . .	45 »»

Rabais sur ce tarif au-dessus de 6 machines.

TARIF C

APPLICABLE AUX ACCUMULATEURS

De 0 à 100 amp. h^{res}	0 fr. 30 par élément
De 101 à 300 —	. . . .	0 40 —
De 301 à 500 —	. . . .	0 50 —
501 et au-dessus —	. . . .	0 60 —

APPLICATIONS

1° Sucrerie comportant une dynamo de 160 ampères sous 110 volts pour alimenter un éclairage par 260 lampes à incandencence et 24 lampes à arc.

	Tarif de 1° année avec essais complets	Tarif de 1° année simple	Tarif des années suivantes
260 lampes à incandescence et 24 lampes à arc comptant comme 240 lampes à incandescence, soit au total 500 lampes à incandescence	93 f. 75	93 f. 75	75 f. »»
Dynamo de $160^a \times 110^v = 18$ kilowatts	30 »»	15 »»	15 »»
	123 f 75	108 f. 75	90 f. »»

Plus les frais de déplacement de M. A. de Vençay et d'un Inspecteur. — plus les frais de déplacement d'un Inspecteur

2° Manufacture comportant une dynamo de 230 ampères sous 120 volts et une batterie d'accumulateurs de 100 ampèreheures avec 66 éléments pour alimenter un éclairage par 450 lampes à incandescence.

	Tarif de 1° année avec essais complets	Tarif de 1° année simple	Tarif des années suivantes
450 lampes à incandescence . .	93 f. 75	93 f. 75	75 f. »»
Dynamo de $230^a \times 120^v = 37,5$ kilowatts	40 »»	20 »»	20 »»
66 éléments d'accumulateurs pour 100 ampèreheures	29 70	19 80	19 80
	163 f. 45	133 f. 55	114 f. 80

Plus les frais de déplacement de M. A. de Vençay et d'un Inspecteur. — plus les frais de déplacement d'un Inspecteur

3° **Scierie** comportant une dynamo de 50 ampères sous 110 volts et une batterie d'accumulateurs de 60 ampèreheures avec 60 éléments pour alimenter un éclairage par 60 lampes à incandescence et 4 lampes à arc.

	Tarif de 1ᵉ année avec essais complets	Tarif de 1ᵉ année simple	Tarif des années suivantes
60 lampes à incandescence et 4 lampes à arc comptant comme 40 lampes à incandescence, soit au total 100 lampes à incandescence	37 f. 50	37 f. 50	30 f. »»
Dynamo de 50ᵃ × 110ᵛ = 7,5 kilowatts	25 »»	12 50	12 50
60 éléments d'accumulateurs pour 60 ampèreheures	27 »»	18 »»	18 »»
	89 f. 50	68 f. »»	60 f. 50

Plus les frais de déplacement de M. A de Vence et d'un Inspecteur.

plus les frais de déplacement d'un Inspecteur

16.648. — Amiens, Imp. T. JEUNET, 45, rue des Capucins.

www.ingramcontent.com/pod-product-compliance
Lightning Source LLC
Chambersburg PA
CBHW070159200326
41520CB00018B/5473